미움 일기장

글 장희정

이화여자대학교와 동 대학원에서 심리학을 전공했습니다. 졸업 후에 일산 백병원 소아정신과 발달증진 클리닉에서 놀이치료사로 근무하며 아이들의 마음을 어루만져 주었습니다. 현재는 어린이 책 작가로 활동 중입니다. 지은 책으로는 《가분수 씨와 한그림 군》《아픈 마음을 치료해요》《씩씩한 힘찬이》《아프리카 바람이 사랑한 아이》 등이 있습니다.

그림 최정인

홍익대학교에서 판화를 공부했습니다. 어린 시절부터 그림 그리기를 좋아했고, 지금도 변함없이 그림을 그릴 때 가장 행복하다고 합니다. 그린 책으로는 《우리 개의 안내견을 찾습니다》《어린이를 위한 사회성》《그림 도둑 준모》《우리 아빠는 백수건달》《교환 일기》《울어도 괜찮아》《말풍선 거울》《바리공주》《오 시큰둥이의 학교생활》《싫어요 몰라요 그냥요》《피양랭면집 명옥이》 등이 있습니다.

| 이 책에 대한 설명 |

아이들은 흔히 '엄마, 미워!' 혹은 '엄마는 왜 나만 미워해?'라는 말을 많이 합니다. 아이들의 '미움'이라는 말 속에는 단순한 원망뿐 아니라 사랑받고 싶은 마음이나 부러운 마음, 두려움과 죄책감 등 여러 가지 감정이 숨겨져 있습니다.
이 책의 주인공 인아도 엄마나 친구, 선생님에게 서운하고 또 사랑받고 싶은 마음을 어떻게 표현해야 할지 몰라 미움 일기장을 쓰게 됩니다. 그리고 미움 일기장을 통해 솔직한 자신의 마음이 무엇인지 들여다보게 되고, 어떻게 가꾸어야 할지 깨닫게 됩니다. 아이들이 인아의 이야기를 읽어 나가며 자신의 마음을 따뜻하게 보듬을 수 있게 되었으면 좋겠습니다.

스콜라 꼬마지식인 04

미움 일기장

장희정 글 | 최정인 그림

위즈덤하우스

어느 날 내 책상 위에 공책 하나가 놓여 있었어.
작지만 뭔가 특별해 보이는 공책이었어.
나는 이 공책에 일기를 쓰기로 했어.
공책 맨 앞에 작은 글씨로 또박또박 이렇게 썼어.
'미움 일기장'
그래, 나는 마음먹었어.
선생님한테 보여 주기 위한 그런 일기 말고
언제나 착한 아이가 되어야 하는 그런 일기 말고
못나고 부끄러운 마음도 털어놓을 수 있는
진짜 일기를 쓸 거야.

내 동생은 사고뭉치야.
오늘도 내 친구가 준 소중한 편지를 가위로 다 오려 버렸어.
나는 너무 화가 나서 동생 머리를 콩 쥐어박았어.
"으앙! 엄마, 누나가 때렸어!"
"너, 왜 동생을 때리고 그래! 어서 사과해."
"쟤가 먼저 내 물건을……."
내 말이 끝나기도 전에 엄마가 소리쳤어.
"그렇다고 어린 동생을 때려? 네가 누나니까 참아야지."
녀석은 엄마 뒤에 숨어서 '메롱' 하고 혀를 내밀었어.
아까 더 세게 때려주는 건데!

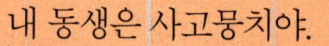

처음 동생이 집에 온 날이 아직도 생생해.
할머니, 할아버지, 엄마, 아빠까지 모두 쪼그만 녀석 옆에 붙어서
나 같은 건 다 잊어버린 것 같았어.
이제 동생이 유치원에 다닐 만큼 컸는데
아직도 엄마, 아빠는 동생이 '아기'니까 봐주래.
나도 엄마, 아빠의 자그마한 아기가 되고 싶어.
동생처럼 무슨 일을 해도 칭찬받고 사랑받고 싶어.

오랜만에 어릴 때 사진이 담긴 앨범을 꺼내 보았어.
응애응애 우는 사진, 까르륵 웃는 사진, 엄마, 아빠랑 노는 사진…….
그때가 그립고, 괜히 서러워서 훌쩍거리고 있는데
어느새 엄마가 곁에 와 있었어.
"우리 인아, 참 많이 자랐구나. 이때는 아주 작았는데."
사진을 보는 엄마 눈이 반달 모양이 되었어.
"우리 인아가 건강하고 씩씩하게 자라 줘서 얼마나 좋은지 몰라."
"정말?"
"그럼! 인아가 엄마 딸이라서 엄마는 정말 행복해."
그 순간 나는 참말 사랑스러운 딸이 된 기분이었어.
'엄마가 동생만 사랑하고, 나는 안 좋아하는 줄 알았어.'
엄마는 내 마음속 소리를 들은 것처럼 나를 꼭 안아 주었어.
엄마 품에서 나도 엄마의 특별한 아이라는 걸 느꼈어.

동생을 미워해도 될까?

가족인데, 미워하는 마음이 들어도 괜찮은 걸까요? 네. 누구나 그럴 수 있어요. 미움은 자연스러운 감정이니까요. 하지만 밉다고 해서 그 사람에게 계속 상처를 주거나 힘들게 한다면 그건 정말 나쁜 행동이 되겠지요. 동생이나 엄마, 혹은 친구가 미울 때도 있지만 사랑스럽고 고마운 순간도 있을 거예요. 미워하는 마음이 들 때, 좋은 기억도 떠올려 보아요.

어젯밤에 식구들이 함께 밖에서 저녁을 먹고 들어왔는데
엄마, 아빠가 방으로 들어가더니 다투는 소리가 났어.
그러더니 아침에도 엄마랑 아빠는 얼굴을 잔뜩 찌푸리고,
서로 말도 하지 않았어.
아무 말도 하지 않는 건 큰소리로 싸우는 것만큼 무시무시해.
엄마는 계속 우리한테 짜증을 내고,
아빠는 아침밥도 안 먹고 출근한다며 나가 버렸어.

엄마랑 아빠가 왜 싸운 걸까?
내가 엄마 말 안 듣고 동생이랑 다퉈서 그런 걸까?
지난주에 학원 빼먹고, 꾀병 부려서 그런 걸까?
아빠한테 장난감 사 달라고 졸라서 그런 걸까?
그래, 나 때문인 게 분명해.
내가 잘못했다고 말해 볼까?
다시는 말썽 안 부리겠다고 빌어 볼까?
어떻게 하면 좋을까?

저녁밥을 먹고 있었어.
엄마랑 아빠는 여전히 서로 말을 안 했어.
우리 네 식구는 모두 말없이 조용히 수저질만 했어.
갑자기 동생이 엉엉 울면서 말했어.
"엄마, 아빠! 잘못했어요. 엉엉엉!"
나도 그만 꾹 참고 있던 눈물이 터져 버렸어.
난 훌쩍거리며 괜히 동생만 타박했어.
"바보야! 그런다고 엄마, 아빠가 안 싸우니?"
엄마, 아빠는 당황해서 서로 얼굴만 바라봤어.
"얘들아, 너희가 잘못해서 화난 게 아니야."
"엄마랑 아빠가 싸워서 미안해."
우리를 달랜 뒤 엄마, 아빠는 마주 보며 피식 웃었어.
나는 그제야 마음이 놓였어.
어른들도 우리처럼 서로 싸우기도 하나 봐.

사랑해서 결혼했는데 왜 싸울까?

엄마, 아빠가 싸워서 불안한가요? 사랑하는 사람들도 싸울 수 있어요. 사람들은 함께 지내면서 가끔 싸우기도 하고, 그러다 다시 서로 사랑하면서 행복하게 지내기도 해요. 다투면서 서로 의견을 맞추어 가기도 하고 속상한 마음을 알게 되기도 하지요. 누군가와 싸운다고 해서 관계가 끝나는 건 아니에요. 물론 서로 싸운 다음에는 마음을 헤아리고 잘 풀릴 수 있게 같이 노력해야 해요.

"윤인아, 조용히 해!"
오늘 아침, 선생님 입에서 이름이 불린 순간
내 얼굴은 불덩이가 되었어.
짝이랑 잠깐 이야기를 했을 뿐인데,
더 많이 떠들고 시끄럽게 구는 애들도 많은데,
선생님은 나를 미워하는 것 같아.
그래서 내가 조금만 떠들어도 귀에 거슬린 거야.

게다가 미술 시간에는 선생님 옷에 물까지 쏟고 말았어.
선생님은 아이들 책상 사이를 돌아다니면서
그림 그리는 걸 봐 주고 계셨지.
난 물통에 물을 받아 오다가 선생님과 부딪쳤어.
선생님 바지가 다 젖어 버렸지.
"인아 옷은 안 젖어서 다행이네. 선생님은 괜찮아."
괜찮다고 했지만 아마 나를 더 미워하게 되었을 거야.
울고 싶은 날이야.

🌷 미움 일기장 🌷

선생님은 나만 미워하는 것 같다.

다른 애들한테는 말도 걸고, 심부름도 시키는데

나한테는 아무런 관심도 없다.

나도 선생님한테 예쁨받고 싶다.

쉬는 시간에 공책들을 꺼내 놓고 정리하고 있었어.
"어머, 공책을 참 예쁘게 꾸몄구나.
인아는 책 디자이너가 꿈이라더니 역시 감각 있네."
선생님이 지나가며 말씀하셨어.
난 얼굴이 새빨갛게 달아올랐어.
내 꿈이 책 디자이너인 걸 어떻게 아셨지?
애들이 나한테 와서 책 디자이너가 뭔지,
책 디자이너가 되려면 어떻게 해야 하는지 물었어.
나는 날아갈 것만 같았어.
애들이 나를 대단하게 생각하는 것 같아 좋았고,
무엇보다 선생님이 나한테 관심이 있다고 생각하니 기뻤어.

어른들은 왜 자꾸 혼을 낼까?

어른들, 특히 엄마, 아빠 그리고 선생님은 아이들이 잘 자랄 수 있도록 곁에서 도와주는 사람들이에요. 올바른 것이 무엇인지 알려 주고 바로잡아 주어야 하지요. 그래서 잘못한 것을 지적하고, 혼내기도 해요. 그럴 때 어른들이 자기를 미워한다고 생각할 수도 있어요. 하지만 그건 아이들을 사랑해서 올바르게 자랐으면 하는 것이지, 미워해서가 아니에요.

"오늘부터 수아도 우리랑 같이 피아노 배우기로 했어."
민서가 수아 손을 꼭 잡고 나타났어.
나는 놀라서 그 자리에 우뚝 서 버렸어.

나는 민서랑 같은 학원에 다니려고 몇 개월이나 엄마를 졸랐어.
피아노보다 민서가 좋아서 학원에 다닌 건데…….
나랑 민서는 유치원 때부터 단짝이야.
우리는 쌍둥이처럼 닮았다는 말을 많이 들었어.
어디든 꼭 붙어 다녔고, 서로의 비밀 이야기도 많이 알고 있어.
민서랑 나 사이에 다른 친구가 끼어드는 건 정말 싫어.

오늘 짝을 바꾸었어.
나는 민서랑 짝을 하고 싶었는데 민서는 수아랑 짝이 되었어.
속상해서 엉엉 울고 싶었어.
하지만 나랑 짝이 된 예은이는 내 얼굴을 그려서 선물로 주었어.
예은이도 나처럼 그림 그리는 걸 좋아하나 봐.
무슨 말을 할 때마다 얼굴이 빨개지는 것도 나랑 비슷해.
전에는 몰랐는데 짝이 되고 보니 예은이도 참 좋은 아이 같아.
예은이가 내일은 자기 집에 놀러 오라고 말했어.
민서 말고 새로운 친구는 생각해 본 적 없는데
예은이가 나를 좋아하는 것 같아서 기뻐.
어쩌면 새로운 친구가 생길지도 모르겠어.

나랑 단짝인데, 왜 다른 친구랑 친하게 지낼까?

나와 단짝 친구가 내가 아닌 다른 친구와 친하게 지내면 괜히 불안하고 서운하기도 하지요. 하지만 내가 싫어서가 아니라 좀 더 많은 친구를 사귀고 싶어서 그런 것이니까 걱정하지 않아도 돼요. 친구는 서로 비슷하거나 혹은 정반대의 매력이 있기 때문에 많은 사람들 가운데 특별히 가까워지게 되지요. 함께 즐거운 시간을 보내고 서로 알아가면서 더욱 친해져요. 새로운 친구와 친해지려면 그만큼 시간과 노력이 필요하기 때문에 어렵게 느껴질 수 있어요. 하지만 다양한 친구와 사귀면서 여러 친구들의 장점도 깨닫고, 한 명의 친구보다 훨씬 많은 즐거움을 얻을 수 있을 거예요.

오늘도 인기 많은 수아 옆에는 아이들이 모여 있었어.
민서도 수아 옆에 딱 붙어 앉아 있었어.
나는 민서를 신경 쓰다가 책상에 걸려 넘어지고 말았어.
"아야!"
내가 넘어지자마자 수아가 벌떡 일어나 달려왔어.
"괜찮아?"
수아가 손을 내밀었지만 나는 그냥 혼자 일어났어.
아이들이 옆에서 수군거렸어.
"수아는 진짜 착해. 그렇지?"
그 말을 들으니 괜히 더 짜증이 났어.

수아는 공부도 잘하고, 운동도 잘해.
얼굴도 예쁜데, 잘난 척도 안 하고, 착하기까지 해.
그래서 남자아이들, 여자아이들 모두 수아를 좋아해.
민서도 나보다 수아를 더 좋아하는 것 같아.
모두 수아를 좋아하는데,
나만 수아가 얄미운가 봐.

🌷 미움 일기장 🌷

수아가 부럽다.

잘하는 것도 많고, 인기도 많다.

어른들도, 아이들도 모두 수아만 칭찬한다.

나도 수아처럼 되고 싶다.

학원에서 피아노를 치는데 수아가 부러워하며 말했어.
"와, 넌 손가락이 길어서 피아노를 잘 치나 보다.
그래서 그림도 잘 그리는 거야?"
나는 내 손가락을 보고 수아 손가락을 보았어.
수아 손가락은 내 손가락보다 훨씬 짧고 통통했어.
"좋겠다! 나는 피아노도, 그림도 모두 엉망이야."
수아는 자기 손을 내려다보며 시무룩하게 말했어.
"처음에는 나도 피아노가 어려웠어. 너도 곧 잘할 수 있을 거야."
수아는 내 말을 듣더니 금세 얼굴이 밝아졌어.
나는 그제야 수아도 못하는 게 있고,
다른 사람을 부러워하기도 한다는 걸 깨달았어.

질투심은 나쁜 걸까?

누구나 다른 사람에게 질투를 느낄 수 있어요. 다른 사람을 부러워하는 마음은 나를 더 노력하도록 만드는 힘이 되기도 해요. 하지만 지나치게 다른 사람만 부러워한다면 내 자신이 못나고 초라해 보일 수 있어요. 질투를 느끼거나 다른 사람과 자꾸 비교하게 될 때는 나의 장점을 찾아보고, 부족한 점은 더 노력하는 계기로 삼아 보세요.

학교에서 모둠 숙제 발표를 했어.
내가 발표를 맡았는데, 너무 떨려서 목소리가 잘 나오지 않았어.
덕분에 우리 모둠만 칭찬 스티커를 못 받았어.
집에 와서 미움 일기장을 펼쳤는데
가장 미운 사람 얼굴이 떠올랐어.
바로 나야!
기분도 안 좋고 기운도 없어.

1. 소심하고 잘 삐친다.
2. 말을 잘 못한다.
3. 운동을 못한다

내가 미운 이유를 쭉 적어 보았어.
이렇게 적어 놓고 보니
세상에서 가장 한심한 아이 같아.
나는 나의 좋은 점도 적어 보기로 했어.
나쁜 점은 줄줄 생각나는데,
좋은 점을 생각해 내기는 아주 어려웠어.

1. 세심하고 배려심이 많다.
2. 남의 말을 잘 들어준다.
3. 글을 잘 쓰고 그림도 잘 그린다.

적어 놓고 보니 내가 꽤 괜찮은 아이처럼 느껴졌어.
또 나의 미운 점이 좋은 점일 수도 있다는 걸 알았어.

미움 일기장을 쓰면서 내 마음 속 작은 미움들이
때로는 오해에서, 때로는 걱정에서 비롯된 거였다는 걸 알게 되었어.
나는 '미움 일기장' 제목을 살짝 고쳐 보았어.
'마음 일기장'
앞으로 이 '마음 일기장'에 미움만이 아닌
사랑, 행복, 기쁨, 슬픔까지 솔직한 내 마음을 모두 적을 거야.
그래서 더 건강하고 멋진 내가 될 거야.

🌷 마음 일기장 🌷

미움 일기장 덕분에 솔직한 내 마음을 들여다보게 되었다. 이 모든 감정들이 소중한 내 마음이라는 것도 깨달았다. 앞으로는 내 마음이 더 행복해질 수 있는 일기를 써야겠다.

| 부록 |

〈 내 마음 들여다보기 〉
미움이란 무엇일까요?

미워한다는 것은 누군가의 행동이나 모양이 마음에 들지 않거나 거슬리는 것을 말해요. 누군가 미워하는 마음이 생기면, 그 사람을 만나거나 떠올리는 것만으로도 화가 나거나 짜증이 나고 기분이 상할 수도 있어요.

나는 그 사람이 왜 미울까요?

미움은 여러 가지 감정이 뒤얽힌 복잡한 마음이에요. 어떤 사람이 밉다면, 그 사람이 정말 싫은 것일 수도 있고, 그 사람이 부러워서일 수도 있고, 내 불안한 마음 때문일 수도 있어요.
엄마, 아빠가 나보다 동생을 사랑하는 것처럼 느껴질 때, 인아처럼 나는 동생이 미워지지요. 언니나 오빠가 나보다 뭐든 잘한다는 생각이 들면 미워질 수도 있어요. 나보다 인기 많은 친구가 미울 수도 있고, 나를 혼내는 선생님이 미울 수도 있지요.

누군가를 미워하는 마음은 나쁜 것일까요?

미움은 유쾌한 감정은 아니지만, 아주 자연스럽게 누구나 생길 수 있는 감정이에요. 가족이나 가까운 사람을 미워하는 마음이 들 때, 혹시 내가 나쁜 사람이라서 이런 마음이 드는 걸까 죄책감이 들 수도 있어요.
하지만 사람은 누구나 미운 마음이 생길 수 있어요, 내가 좋아하는 사람도 어느 순간 미워 보일 수도 있고, 다시 그 마음이 풀리기도 해요. 미운 감정이 영원히 지속되는 것이 아니니까 너무 걱정하지 않아도 돼요.

💚 내 마음을 잘 들여다보는 게 중요해요

불편하고 기분이 나쁠 때, 기분이 나쁘다고 두루뭉술하게 생각할 게 아니라 구체적으로 어떤 감정인지 아는 게 중요해요. 그러면 내가 왜 이러는지, 기분이 나아지기 위해 어떻게 해야 할지 잘 알 수 있거든요. 다음 부정적인 감정 단어들을 보면서 지금 내 마음이 어떤지 생각해 봐요.

불안하다	화나다	우울하다
초조하다	분노하다	무기력하다
겁나다	짜증나다	절망스럽다
두렵다	서운하다	
혼란스럽다	실망하다	
걱정스럽다	섭섭하다	
샘나다	억울하다	
부럽다	속상하다	
싫다	슬프다	
못마땅하다	서럽다	

〈내 마음 다스리기〉

미워하는 마음이 들 때는 어떻게 해야 할까요?

사람의 기분이 늘 좋을 수는 없어요. 기분이 나쁠 때도 있고, 좋을 때도 있지요. 하지만 누군가를 미워하는 마음을 계속 가지고 있다면 언제나 내 마음은 어둡고 무겁겠지요. 그렇기 때문에 이러한 미운 마음을 없애고 싶은 게 당연해요. 미워하는 마음 때문에 힘들다면, 다음 순서에 따라 생각해 보세요.

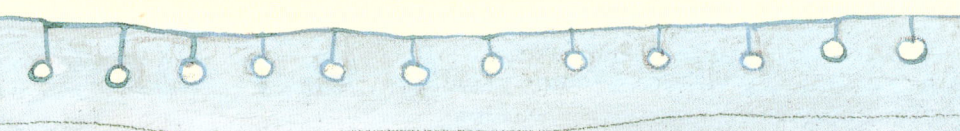

내 마음 : 나를 뚱뚱하다고 놀리는 친구가 미워!

1 친구가 미운 이유를 찾아보아요

① 내 단점이 사람들 앞에서 알려지는 게 기분 나쁘다.
② 나보다 날씬한 친구가 부럽다.
③ 나는 뚱뚱하지 않은데 이상한 말을 해서 화가 난다.

2 미운 마음을 해결할 방법을 찾아보아요

① 친구에게 나를 놀리지 말라고 말한다.
② 그 친구를 만나지 않는다.
③ 나를 놀리는 말에 신경 쓰지 않는다.

내 마음 :

＊미운 이유를 적어 보아요.

＊미운 마음을 해결할 여러 가지 방법을 적어 보아요.

스토리 픽쳐자인 04

미움 일기장

초판 1쇄 발행 2016년 7월 25일   초판 13쇄 발행 2024년 3월 6일

글 유설화 그림 최정인
펴낸이 이수정
총괄 초루장 최진영
고영 총괄 팀장 김홍미
기고 디자인 팀장 이가람 디자인 유예지

펴낸곳 (주)위즈덤하우스 출판등록 2000년 5월 23일 제13-1071호
재조곳 대한민국 주소 서울특별시 마포구 양화로 19 합정오피스빌딩 17층
전화 02) 2179-5600
홈페이지 www.wisdomhouse.co.kr kids@wisdomhouse.co.kr

ⓒ 유설화·최정인, 2013
ISBN 978-89-6247-404-6 74330

* 이 책의 전부 또는 일부 내용을 재사용하려면 사전에 저작권자와
(주)위즈덤하우스의 동의를 받아야 합니다.
* 인쇄·제작 및 유통상의 파본 도서는 구입하신 서점에서 바꾸어드립니다.
* 이 책의 사용 연령은 8~134세입니다.
* 책값은 뒤표지에 있습니다.

3 기분이 좋아지는 방법

내 기분이 항상 좋을 수는 없지. 화가 나기도 하고 짜증이 나기도 하고 울적해질 때도 있어. 기분이 좋지 않을 때는 다른 사람과 생각이 나는 일을 해봐. 다른 사람과 좋은 것을 나누거나 내가 좋아하는 일을 하면 기분이 좋아져.

❶ 음악을 듣거나, 좋아하는 일 하기
기분이 좋지 않을 때 마음속에 들어 있는 나쁜 기분을 밖에 내보내요.

❷ 음물을 먹고 주게 베개 달리기
계속 달리고 나면 땀이 나면서 상쾌해져요. 몸도 풀리고, 이야기하고 싶지 않은 시 말끔해져요.

❸ 친구나 부모님과 이야기 나누기
서로 가족들에게 털어놓고 이야기하다 보면 기분이 좋아질 수 있어요.

❹ 가족과 맛있는 음식 만들어 먹기
맛있는 음식을 먹으며 내 마음속 답답하고 나쁜 기분이 사라져요.